AF283326

Arena en los zapatos

APULEYO EDICIONES　　　FOMENTO DE VALORES　　　CUENTOS ILUSTRADOS

A mi hijo **Mark**, quien llena de pompas
los corazones de todos los que le rodean.

Gracias por llevar siempre tu pompero en el bolsillo.

A veces voy al parque y me entra arena en los
zapatos... Entonces mis zapatos se vuelven
incómodos, pesados y ¡me hacen daño!

Cuando es demasiado molesto, me paro,
los vacío de arena y me siento mucho mejor.

El otro día, cuando llegué al parque,
había un grupo de niños jugando. Pregunté si
podía jugar con ellos, pero me dijeron que no.
Pensé que si les enseñaba mi pompero y les
dejaba hacer pompas me dejarían jugar,
pero no funcionó.

Cuando me ponía cerca de ellos, se iban corriendo
y se alejaban de mí. Y a veces se escondían para
que no pudiera encontrarlos. Ellos se reían,
pero a mí no me parecía divertido…

Cuando emprendí el regreso a casa tenía una extraña sensación. Estaba incómodo y sentía mucho peso al caminar.

Miré mis zapatos para ver si estaban llenos de arena, pero no, los zapatos estaban limpios.

Tuve que poner toda mi atención para averiguar de dónde venía esa sensación y, por fin, lo descubrí.

¡Me había entrado arena en el corazón!
¿Sería grave?

¡Tenía que solucionarlo cuanto antes!

En cuanto llegué a casa, llené la bañera y me lavé con jabón, a ver si así lograba sacar la arena que me había entrado. Froté tan fuerte como pude, pero, ¡qué va!, la arena seguía ahí...

Luego pensé que, como el corazón estaba dentro de mí, para poder limpiarlo igual tenía que echar el agua también dentro; así que fui a la cocina y tomé tantos vasos de agua como pude, pero... Aparte de hacer mucho pipí, nada conseguí.

Recordé entonces el modo en que vacío mis zapatos cuando se llenan de arena y corrí a mi cuarto, me tumbé en la cama boca abajo con la cabeza colgando y esperé, ¡incluso me sacudí! Pero qué va...
No salió ni un solo granito de arena.

Necesitaba ayuda, estaba claro.
Así que busqué a mis padres.

Cuando les expliqué la situación, no parecieron asombrarse. Me preguntaron cómo se había metido esa arena ahí dentro y yo les expliqué todo lo que había pasado en el parque.

—¿Y cómo te sentiste cuando te trataron así?
—preguntaron.

—Triste, avergonzado, rechazado...
—dije, sollozando.

Solo con pronunciar en voz alta cómo me sentía,
gran parte de la arena desapareció y sentí un
enorme alivio en el corazón.

—Cariño, eres divertido, amable, cariñoso…
Habrá miles de niños que quieran jugar contigo,
pero también habrá otros que no. Estos últimos
nunca descubrirán lo increíble que eres.

Papá y mamá me abrazaron con fuerza
y la poca arena que quedaba en el corazón
terminó desapareciendo.

¡Por fin sentía mi corazón
limpio y ligero de nuevo!

Al día siguiente, aunque temeroso, volví al parque
y pasé la tarde jugando con mi pompero. Hice
pompas de tooodo tipo: grandes, pequeñas... Y
hasta logré que se posaran varias sobre la arena.
¡Fue genial!

La tarde siguiente también regresé al parque y,
mientras jugaba con el pompero, se acercó una
niña a jugar conmigo. Se llama Valentina y
hoy en día es mi mejor amiga.

Ahora voy al parque con mucha ilusión,
deseando descubrir a quién más conoceremos
allí. Y, por supuesto, ¡siempre llevo mi pompero!
Así, si lleno los corazones de otros niños de
algo, será de pompas y no de arena.

© Ágata Pereira Díaz (de la obra)
©Apuleyo Ediciones (de esta edición)
Primera edición en Apuleyo Ediciones: junio 2024
Diseño de cubierta: Sofía Corzo González
Corrección: Aitor Andreu Guerrero
Maquetación: Domingo Carrasco Martín
Ilustraciones: Daniel Estandía
Coordinación editorial: Isidoro Cidre González
info@apuleyoediciones.com
www.apuleyoediciones.com
ISBN: 978-84-1060-158-1
Depósito legal: H 121-2024

No está permitida la reproducción total o parcial de este libro, ni su tratamiento informático, ni la transmisión de ninguna forma o por cualquier medio, ya sea electrónico, mecánico, por fotocopia, por registro u otros métodos, sin permiso previo y por escrito de los titulares del copyright.

Hecho e impreso en España.

Ágata Pereira

APULEYO EDICIONES   FOMENTO DE VALORES   CUENTOS ILUSTRADOS